AVEU

D'UN

RÉPUBLICAIN

AU

PEUPLE ÉLECTEUR,

PAR

DUCOURNEAU, JEUNE,

Entrepreneur de Travaux Publics.

—

PRIX : 20 C.

—

AGEN,

Imprimerie de J.-B. Barrière.

—

1849.

AVEU

D'UN

RÉPUBLICAIN

AU

PEUPLE ÉLECTEUR.

AVEU D'UN RÉPUBLICAIN

AU PEUPLE ÉLECTEUR.

Puissant ou Plébéien, quand la terre ne sera plus souillée du sang et des larmes de ton Frère, l'humanité verra son bonheur et sa félicité.

I

Conséquences du Passé.

Le mal est grave : il est d'autant plus grave que les populations semblent désespérer de la France et de l'avenir ; ce mal qui grandit tous les jours dans des proportions effrayantes menace de sa contagion affreuse les Peuples de toutes les nations ; mais ils reconnaîtront bientôt, ces victimes du despotisme et de l'orgueil, qu'ils n'ont qu'un ennemi commun à combattre, qui est la corruption et le mensonge, et qu'un intérêt à soutenir : celui de la justice et de la vérité.

Cette patience populaire, ce dévouement à l'ordre et à la conservation du bien d'autrui, ces sacrifices infinis pour arriver légalement à la conquête du bonheur, ces privations sans nombre de ce Peuple généreux, vendant jusqu'à son mobilier et son vestiaire dans l'espérance d'un meilleur avenir, toutes ces vertus semblent s'affaiblir de jour en jour, tandis que des hommes ingrats qui par leurs vices et leur dissipation se sont faits chasser du pouvoir, continuent au mépris de tout ce qu'il y a de plus sacré leurs noires machinations contre le travail et le bonheur du Peuple. 1849

Depuis 1830 jusqu'à nos jours qu'ont fait pour l'Industrie, l'Agriculture, les Arts même, tous les pouvoirs qui se sont succédés? Rien qui ait profité à la généralité des citoyens? Rien même pour la probité et l'intelligence. Les travaux publics, branche dont la sève vivifiante devait soulager la misère et la faim, n'a servi qu'à grossir le coffre-fort du Concussionnaire. L'Industrie, cette déesse de la fortune publique, qu'est-elle devenue? Elle est passée, prostituée de la salle du Trône, au cabinet du Ministre pour prêter son criminel concours à cette loi corruptrice des concessions directes, source de cupidité et d'injustice.

Quant à l'Agriculture, ces grands seigneurs ne s'en occupent pas; et si, comme l'*Enfant prodigue* ou le *Balocheur* harassé, il leur vient quelque fois dans l'esprit de plaindre cette *digne Mère*, c'est lorsqu'ils quittent ces palais enchanteurs et la Capitale des plaisirs, et qu'ils viennent s'embourber dans les chemins creux et mal entretenus de la Commune; mais ce ressentiment s'efface en même temps que le groom décrotte le grand Budgétaire; il repartira même sans visiter le pauvre Agriculteur, cet homme généreux et sage qui lui fournit le pain et le solde. Qui viendra donc le consoler ce noble vieillard criblé de fatigues et de misères? Qui viendra le visiter dans sa chaumière où il vit depuis plus d'un demi-siècle dans le souci et la privation? Qui viendra le visiter, disons-nous? le Prêtre et l'agent du Fisc; ce dernier pendant sa vie pour le pressurer et lui arracher le fruit de son labeur, et le Pasteur au lit de la mort pour consoler son âme.

Et l'Ouvrier, l'Industriel, tous ces hommes créés pour la vie commune afin de consommer les produits de la terre et perpétuer le développement du Commerce et de l'Industrie, qui viendra la visiter cette race indispensable à la vie fastueuse des grands? Personne! Le Fisc ne pouvant rien prétendre, et le Prêtre, surpris par la mort instantanée d'un corps usé par le souci et la faim, n'aura rien à faire pour l'âme.

Qui viendra donc mettre un terme à tant d'iniquités et de souffrances humaines? La République elle qui n'est pas ingrate comme la Monarchie et qui ne sert pas de satellite aux tyrans et aux rois ; elle seule sera l'ange rénovateur et vengeur de l'espèce humaine, car assez et trop longtemps ont duré ces désordres sociaux pour que la multitude éclairée et la sagesse des nations ne fasse pas trop attendre l'arrêt de mort d'une organisation criminelle et parjure.

II

Elections Préparatoires.

Alerte Peuple ! Alerte ! Il est encore temps ; mais prends garde !...... Le moindre faux pas pourrait te conduire à l'abîme. Jusqu'à présent des Comités électoraux d'arrondissement t'ont imposé des Candidats choisis par eux pour représenter tes intérêts à l'Assemblée nationale. Cette manière de procéder est illégale et ne peut se compâtir avec nos institutions démocratiques, puisque en agissant ainsi tu obéis à une volonté qui n'est pas la tienne et que dès-lors ton impulsion n'est pas libre. Pour que le suffrage universel ne soit pas un vain mot, tu dois agir directement et suivant ta conviction intime. Il faut pour atteindre ce but former dans chaque Commune des Comités démocratiques et que ces Comités, composés de Républicains et de Démocrates intègres, choisissent en concours avec le Peuple, dans leur propre commune ou dans tout autre pays de la France, un Candidat Républicain probe et intelligent, n'importe la condition ou le rang qu'il occupe dans les diverses et honorables professions, s'il est ami du Peuple et de la République, s'il promet et jure de poursuivre sans relâche la réalisation de la Démocratie avec ses conséquences, qui sont le Droit au Travail, l'instruction gratuite à tous les citoyens, l'établissement du crédit foncier et la réduction progressive des traitements administratifs, afin de faciliter l'extinction de la dette publique et de soulager les populations des charges accablantes qui pèsent sur elles depuis près d'un quart de siècle ; que le bureau du Comité communal aille ensuite déposer dans l'urne du canton le nom de l'élu de sa commune et que là, en présence des délégués de toutes les communes, le Comité du canton procède au scrutin, et que le premier nom qui sortira de l'urne soit proclamé le Candidat cantonal au nom des communes réunies ; que les Comités cantonaux procèdent ensuite comme l'ont fait les Comités communaux et que le nom de leur élu soit porté par eux au Comité d'arrondissement ; et que là, en présence de tous les Comités cantonaux, et des Comités d'arrondissement, sortent de l'urne tous les Membres appelés à la députation !...

Alors seulement, Peuple, tu profiteras des lois Démocratiques, alors seulement tes intérêts seront légalement représentés ; alors seulement la Chambre sera véritable-

ment celle des Représentants du Peuple ; car elle ne sera
l'œuvre ni de l'intrigue, ni de la corruption ; alors seulement l'Agriculture y comptera ses Représentants habi-
les, le Commerce ses vigilants compétiteurs, l'Industrie
ses hommes à idées larges et fécondes ; la Magistrature
ses savants intègres ; l'Armée ses Soldats généreux ; le
Clergé ses Pasteurs tolérants ; et le Travailleur ses amis
intrépides ! Quelle est la puissance capable de résister à
une pareille Assemblée ! Toutes les puissances humaines
devront fléchir devant ce corps sacré, vrai conservateur
des droits du Peuple !

Nous entendons déjà crier *à l'impossible !* — Mais
vous risquez, disent les plus avides du pouvoir, de former une Chambre dont les hommes seront en homogé-
néité de principes et de professions. Vous risquez même,
en agissant ainsi, de n'envoyer que des incapables ou des
ennemis de la République.

Nous répondrons à toutes ces déclamations et aux ennemis de notre système : que *ce que Dieu veut se peut,*
et que le Peuple, noble émule de Dieu sur la terre, est
infaillible dans ses actions, surtout lorsqu'il peut agir
dans un principe libre et naturel ; qu'il est incontesta-
ble qu'en général le Peuple est doué d'un génie, et que
ce génie ne le trompe jamais dans les grandes choses, les
Peuples agissant beaucoup mieux en masse et par eux-
mêmes que par fraction d'hommes, de bonne foi sans
doute, mais qui n'embrassent que dans une étroite cir-
conscription l'œuvre d'une loi gigantesque, conçue au
profit d'une haute puissance. Les comités communaux,
composés de Républicains, ne choisiront pas pour candidats des hommes hostiles à la République ; ils ne choisiront pas non plus des citoyens sans capacité ni sans con-

naissances spéciales ; et , en dernière analyse, ne faudra-
t-il donc jamais avoir foi dans nos principes de vérité et
de justice? ..

III

La Vérité sur les Partis.

Pour aider l'intelligence des Communes dans la for-
mation de leurs Comités nous leurs présenterons quelques considérations sur les élections passées et sur celles
à venir.

Les premières élections se firent sous l'influence des
Comités centraux et d'arrondissement. La Commune fut
délaissée et vouée à son propre instinct, elle n'assista
pas aux Clubs où se faisaient entendre les déclamations
des partis, sauf quelques habitants circonvoisins aux
cantons qui se rendaient à ces réunions nocturnes où le
mensonge et la brigue passionnés jetaient la torpeur et
le trouble dans leur âme candide. De là, les rapports
exagérés faits par ces hommes de bonne foi, mais sans
portée politique, à leurs Frères des communes ! De là,
sortirent les fantômes du *Communisme* et de la *République rouge !* De là, sortit aussi la prétendue *République honnéte,* sauvegardienne de la Société et de la Famille ; tout cela se rapportait beaucoup aux Sorciers et
aux Revenants de l'ancien régime, avec lesquels cer-
taines gens faisaient si bien leurs affaires, mais que la
civilisation a mis au néant comme toutes les superstitions

honteuses. Pour qu'à l'avenir cette vigilante et laborieuse population ne soit plus trompée, par le mensonge et la calomnie, sur la valeur des partis, nous allons faire l'apologie véritable de chacun.

Commençons par la *République honnête et modérée :* Cette République se compose de la bourgeoisie financière, d'une grande partie de l'ancienne noblesse, d'une partie du haut commerce, c'est-à-dire des gros monopoleurs, du haut Clergé, des parvenus qui ont fait fortune aux dépens du budget, c'est-à-dire au préjudice de cette propriété pour laquelle ils exaltent si fortement leurs titres de défenseurs, et de quelques hommes du Peuple qui sortent leur existence de cette classe d'hommes fortunés. Certes, nous ne disputerons pas à ces Messieurs le titre d'honnête, mais nous leur contesterons le monopole de l'honnêteté; nous pourrons même leur dire, au risque de blesser leur susceptibilité, qu'il est chez eux, comme dans tous les partis, de braves et de mauvaises gens, des conspirateurs contre la paix publique et surtout des spéculateurs politiques qui vendent leur conscience aux puissants du jour, à quelle religion qu'ils appartiennent. Quant au titre de *modérés* nous pourrions l'accepter si nous étions convaincus qu'ils eussent été la cause de l'abolition de la peine de mort; mais comme, malheureusement pour ce parti, nous sommes persuadés du contraire, alors notre devoir est de dire au Peuple que chez ces Républicains, sauf quelques exceptions, le mot *modéré* est synonime de l'épithète *déguisé, rusé.*

Passons maintenant à la *République rouge;* les citoyens qui la soutiennent sincèrement sont les amis du Peuple et les ennemis implacables du privilége; ce sont eux qui ont promis la République et aboli la Royauté, qui ont aboli la peine de mort, le droit d'octroi sur l'entrée des viandes, l'impôt sur le sel ; ce sont eux aussi qui se sont opposés de toute la force de leur âme à l'impôt injuste des 45 centimes, mais que leur trop faible puissance ne put empêcher ; ce sont eux aussi qui réclament l'abolition de l'entrée des vins, qui veulent l'instruction gratuite et l'organisation du travail, qui veulent dégrêver le petit possesseur et celui qui ne possède pas, pour grêver le Capitaliste opulent qui vit franc d'impôt aux dépens de la sueur du Peuple ; ce sont eux aussi qui veulent l'organisation et l'extension des travaux publics, source de bienfaits pour la classe nécessiteuse ; ce sont enfin les *Républicains rouges* qui veulent faire revivre l'Agriculture, le Commerce, l'Industrie, le Travail, par des moyens financiers que les princes aux écus et les possesseurs égoïstes ne connaissent pas, c'est-à-dire qu'ils veulent forcer les capitalistes avares à dénouer le cordon de leur bourse, par l'établissement des caisses hypothécaires et nationales, par des banques mutuelles du Peuple sous la tutelle du Gouvernement. Ces hommes qui veulent toutes ces améliorations sociales et qui composent la *République rouge*, ne sont ni bourgeois, ni nobles : ce sont des citoyens, des démocrates, des frères dévoués à l'accomplissement d'une œuvre divine.

Maintenant, Peuple, si on te laisse choisir entre ces deux Républiques, nous sommes persuadés que tu ne te tromperas pas !...

Quant aux *Communistes* ces grands *Partageurs*, ces grands *Niveleurs*, comme les traitent les Républicains *honnêtes*, ils sont si absurdes qu'ils poussent la niaiserie jusqu'à faire l'abnégation de leur honnête patrimoine et de leur lucrative industrie au bénéfice de cette fameuse loi agraire qui leur assurerait une complète misère.

Ne dirait-on pas que les *Républicains honnêtes* se moquent à la fois du bon sens des hommes en leur prêtant la folie d'une pareille doctrine? Ne dirait-on pas que ces prétendus *modérés* abusent impunément de l'ignorance politique des populations rurales, en les trompant par des bêtises aussi grossières qu'impossibles? Notre devoir à nous n'est-il pas de rassurer tous les citoyens égarés par ce mensonge, et de leur faire comprendre qu'il en est du *Communisme* comme des *Républicains rouges*, une pure invention calomnieuse? Avec cette différence que ces derniers planent depuis longtemps à la surface du globe politique, et que par conséquent leur règne doit être prochain, tandis que le Communisme, délaissé depuis dix-neuf siècles, vient d'apparaître de nouveau dans des régions lointaines ; mais que l'on voit gravées en lettres d'or, sur une table céleste, les lois imprescriptibles de la Communauté auxquelles sera soumis le progrès des générations futures !

Le *Communisme* c'est la loi du Christ, purement renouvelée ; il est et sera le point lumineux et attractif des lois futures, et une félicité suprême pour les générations qui verront l'accomplissement et le règne de ce principe.

Pour terminer la justification de la pureté de cette doctrine, nous allons rapporter ici textuellement ce qui est écrit au frontispice du livre des Icariens :

« Fraternité, Egalité, Liberté.

« Association, Unité, Communauté.

« Le *communisme* est l'opposé de l'*individualisme*, « l'antipode de la *loi agraire* et du *partage* des terres. « C'est l'association la plus étendue et la plus complète,

» basée sur la Fraternité, l'Egalité, la Liberté, l'Unité,
« fondée aussi sur l'éducation, le travail, le mariage et la
« famille. — C'est une *assurance* mutuelle et univer-
« selle. — C'est la réalisation de la *démocratie* et du
« *christianisme* dans sa pureté primitive.

« Ses principales formules sont : Chacun pour tous,
« tous pour chacun, de chacun suivant ses forces et sa
« capacité. A chacun suivant ses besoins. Toute fonction
« est un travail ; tout travail est une fonction. Propriété
« sociale, collective, indivise ; établissement de la com-
« munauté par la propagande légale et pacifique, par la
« persuasion, par la volonté individuelle et nationale,
« régime transitoire et progressif. »

On voit jusqu'ici que les *Communistes* ne sont ni bu-
veurs de sang, ni anarchistes et encore bien moins ennemis de la Propriété et de la Famille. Plus loin on voit
encore écrit sur le même livre de ces hommes tant noir-
cis par les intéressés et les ennemis du Peuple :

« Le travail diminue et le chômage augmente ; le sa-
« laire baisse et le prix des loyers s'élève. Toutes les
« carrières sont obstruées, la concurrence étend ses ra-
« vages, les faillites se multiplient et des maisons soli-
« des s'écroulent ; le pain manque aux Prolétaires, la
« misère se généralise, chaque jour voit des suicides,
« l'avenir est gros d'orages, d'incertitude et d'effroi.
» Voilà le mal.

« Où en est la cause ? elle est dans l'extinction de l'in-
» dustrie, dans la multiplication des machines, surtout
» dans les vices de l'organisation sociale, basée sur l'in-
» dividualisme ou l'égoïsme.

« Le remède selon nous, Icariens, ne peut exister que
« dans une meilleure organisation du travail, dans l'as-

» sociation générale et perfectionnée ; en un mot, dans
« la Communauté Icarienne, basée sur le principe chré-
« tien de la Fraternité, entraînant comme conséquences
« nécessaires l'Égalité, la Liberté, l'Unité.

« Cependant quoique nous ne voulions que la justice,
« l'ordre et le bonheur de tous sans exception, par des
« voies pacifiques et légales, on nous entrave, on nous
« calomnie, on nous persécute tandis que d'ailleurs l'é-
« tablissement de notre Communauté sera toujours plus
« difficile et plus lent en France que dans un pays
« neuf. »

« Dans cette situation, pour jouir de nos droits natu-
« rels et des bienfaits de la nature, nous, Icariens, hom-
« mes de conviction et de dévoûment, nous émigrons
« pour aller fonder en Amérique notre communauté
« d'Icarie. »

Il reste donc bien avéré que les Communistes ne veulent porter aucun trouble dans la Société, puisqu'ils
vont dans les déserts du Texas, à 2,500 lieues de la
France, mettre en pratique le système d'organisation
qui doit faire un jour le bonheur de tous les Peuples.

Ecoutez maintenant le *Journal de* LOT-ET-GARONNE,
dans son numéro du 11 janvier dernier, au sujet des
Communistes partis pour le Texas :

« La première avant-garde, partie avant la Révolution
« de Février, se composait de soixante-neuf colons,
« *hommes pleins d'énergie et de résolution, animés*
« *d'une foi ardente.* — La deuxième avant-garde com-
« prenait une vingtaine d'émigrants ; la troisième n'é-
« tait guère plus nombreuse : c'était en tout cent dix
« hommes (environ). La plupart avaient versé entre les
« mains de M. Cabet des sommes assez importantes, fruit

« de leurs épargnes ou patrimoine de leur famille. *On*
« *aurait tort de croire que ces colons fussent des*
« *gens sans moralité et sans courage : c'était en géné-*
« *ral des ouvriers probes, laborieux, dignes sous*
« *tous les rapports d'une meilleure direction et d'une*
« *destinée plus heureuse.* Parvenus aux Etats-Unis, ils
« se sont empressés de mettre la main à l'œuvre et de se
« rendre en Icarie. »

Nous nous sommes d'autant plus appliqués à la dé-
fense des Communistes qu'ils avaient été le plus vivement
et le plus ignominieusement calomniés. Mais nous pen-
sons avoir assez fait pour rassurer les esprits timorés des
populations des campagnes sur cette secte inoffensive, le
Journal de Lot-et-Garonne n'étant pas suspect en pareille matière.

IV

Appel au bon sens du Peuple.

Maintenant s'il nous était permis de faire un appel à
la loyauté et au bon sens des partis, nous leur demande-
rions s'ils ne sont pas fatigués de cette vie dont la tour-
mente des passions politiques aigrit et fausse à la fois les
sentiments humains que tout homme sensé possède. Si
notre faible voix pouvait être entendue de ceux qui ne
veulent rien faire pour apaiser la misère du Peuple, et
qui ne voient le bonheur que dans le triomphe de leur
parti, nous leur rappellerions ces paroles vraies d'un ancien Ministre :

« C'est l'esprit du temps de *déplorer* la condition du
« Peuple; mais on dit vrai : il est impossible de voir,
« *sans une compassion profonde, tant de créatures*
« *humaines si misérables !* Cela est douloureux, très-
« douloureux à voir, très-douloureux à penser; mais il
» faut y penser, y penser beaucoup, car à l'oublier il y
» *tort grave et grave péril.* » (Guizot.)

Et si on voulait nous écouter encore, nous termine-
rions par cet appel conciliateur : Riche, tend la main *à
ton Frère, le Pauvre*, qui t'aime et qui t'honore, mais
qui ne doit pas souffrir qu'on achète sa liberté par la
faim !

Et enfin Peuple, Riche ou Pauvre, vois-tu dévier le
soleil de la loi que lui a tracé l'auteur de la nature et se
heurter contre lui un de ces millions de mondes qui gra-
vitent autour de son immensité? Pourquoi dévierais-tu,
toi, de la loi dont le Créateur a doté ton âme? Pourquoi,
contre les vœux de ta raison, frapperais-tu ton Frère afin
de te délivrer de sa domination malfaisante ou de le faire
obéir aux lois inhumaines d'un pouvoir satanique? Quand
finiras-tu de blasphémer contre l'auteur de tes jours que
tu dis être la cause de tant de malheurs, puisque c'est
toi ou du moins ta coupable insouciance qui fait que tu
supportes le poids de cette mauvaise organisation? Si tu
suis ta raison, tu peux sauver la Société en te sauvant;
tes enfants te béniront ou te maudiront en ce cas, suivant
ce que tu auras fait pour leur préparer un avenir de liberté ou d'esclavage !

Le temps presse, Peuple, tu ne dois pas t'amuser à
de vaines déclamations ; si tu crois qu'il y ait impossibi-
lité de mettre en pratique le système d'élection prépara-

toire que nous avons déjà développé, il faut nommer sans retard des Délégués dignes de ta confiance, qui se chargeront de suivre les hommes qui se présenteront à tes suffrages, afin d'étudier leurs sentiments et leur caractère; car, ton bonheur dépend de l'intelligence et de la circonspection que tu mettras dans tes votes.

Pour ne pas te tromper dans un acte aussi solennel, tu dois écarter de l'urne électorale les intrigants de toutes les couleurs, c'est-à-dire tous ceux chez qui tu reconnaîtras l'idolâtrie des honneurs ou de la fortune : tes Représentants devant être avec toi en communauté de principes, c'est-à-dire de vrais Républicains, des hommes d'organisation, d'économie politique et sociale! Ainsi, Riches et Pauvres, donnez-vous tous la main pour porter dans l'urne fraternelle le nom de ces hommes de justice et de conciliation, car ce n'est qu'à ce prix que la paix régnera sur la terre et que l'humanité verra le règne de Dieu!....

Agen, le 24 Février 1849.

DUCOURNEAU, Jeune,
Entrepreneur de travaux publics.

LIBERTÉ !